朝鮮半島がわかる本

② 近代から第二次世界大戦まで

監修／長田彰文　文／津久井惠

かもがわ出版

はじめに

「朝鮮半島」は、アジア大陸の東部につきだした半島です。その先は朝鮮海峡をはさみ、日本の対馬とむかいあっています。半島の西側は黄海に、東側は日本海*にのぞんでいます。内陸では中国と国境を接し、東部の日本海近くでは、ほんのわずかですが、ロシアとも国境を接しています。

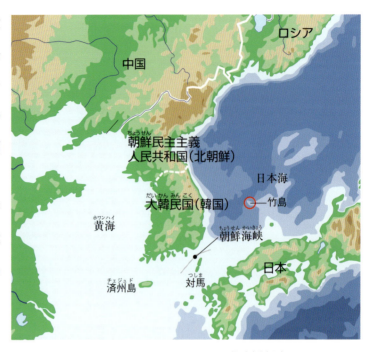

　現在、朝鮮半島の北側には朝鮮民主主義人民共和国、南側には大韓民国があります。しかし日本は、正式な国名に「北」という文字が入っていないにもかかわらず、北側を「北朝鮮」とよんでいます。この言葉は「北側の国」という意味で、このようなよび方をするのは、日本とのあいだにいまだに国交がないことによります。

　「韓国」という場合にはほぼ、南側の国（大韓民国）をさしますが、それにしても「朝鮮」というよび名にはいくつもの意味がふくまれています。

　古くは、伝説の時代ともいわれる「古朝鮮」という言葉があり、新しいところでは、歴史に名を残した「朝鮮王朝」を「朝鮮」とよんでいました。ところが1910年に日本が大韓帝国を併合して以来、朝鮮半島は日本の一部となったとされ、単に地域をさして「朝鮮」とよぶようになりました。

　なお朝鮮半島のことを、北朝鮮では「朝鮮半島」、韓国では「韓半島」といっています。

＊「日本海」という名については、韓国と北朝鮮がよび名をかえることを主張し、「日本海呼称問題」となっている。韓国は「東海」というよび名を主張してとくに強く変更をもとめ、北朝鮮は「朝鮮東海」または「朝鮮海」というよび名への変更をもとめている。

1950年6月25日、北朝鮮と韓国とのあいだで、分断された朝鮮半島の統一をめざして戦争が起こりました。日本では、朝鮮半島全体を「朝鮮」とよぶのが一般的であることから、この戦争のことを「朝鮮戦争」とよんでいます。しかしそのよび方は、朝鮮半島の南北のいずれでもつかわれていません。韓国では「韓国戦争（動乱）」「6.25（戦争／動乱）」、北朝鮮では「祖国解放戦争」というよび方をしています。

　右の写真にあるのは、「統一旗」または「朝鮮（韓）半島旗」とよばれる旗です。朝鮮半島を統一して象徴するものとして、スポーツ大会で南北が共同チームをつくるときなどに用いられています。朝鮮半島と済州島、鬱陵島、その右側に竹島（韓国・朝鮮では「独島」）がえがかれています。実際の竹島は、統一旗にあらわせないくらい小さな島ですが、統一旗ではわざと大きく示されています。

2014年の仁川アジア大会のときかかげられた統一旗。写真：共同通信社／ユニフォトプレス

　日本は竹島について「日本固有の領土」だと主張していますが、現在は韓国が軍隊を派遣し、占領しています。

　右の地図は、江戸時代の地理学者・山村才助が1806年に発表した『華夷一覧図』にえがかれたもので、「松シマ」が竹島をあらわしています。この地図ではどういうわけか、竹島は上の統一旗どころではなく、とても巨大にえがかれています。

『華夷一覧図』国立公文書館所蔵

　さて、このシリーズでは、できるだけ多くの角度から、朝鮮半島についてわかりやすく解説しています。そして、ここで竹島のえがかれ方を比べたように、朝鮮半島と日本との関係についてもできるかぎり見ていくように工夫しました。

　ですから、日本にいちばん近い外国である朝鮮半島について、この本でしっかり学んでもらいたいと思います。日本では「韓流ブーム」がありながら、その国のある半島については知らないことが多すぎますので……。

　　　　　　　　　　　　　　　　　こどもくらぶ

この本のつかい方

時代にそって、パートごとにテーマをもうけています。

青字の言葉は、33～35ページの「用語解説」に説明があります。

内容がよりよくわかるよう、写真や地図、歴史的な資料をふんだんに掲載しています。

本文に関連して、朝鮮半島と日本のつながりを紹介しています。

パート1　朝鮮の開国

1 開国前夜の朝鮮

18世紀末から19世紀半ばにかけて、朝鮮では農業技術の改良などにより、農民の貧富の差が広がり、商人が多くうまれます。一方で両班とよばれた特権階級の権威が失われるなど、朝鮮の社会は変化をむかえていました。

＊朝鮮の高麗や朝鮮王朝の時代、官僚を出すことができた最上級階級の人々。

18、19世紀の朝鮮

朝鮮王朝では、両班たちの党派のちがいによる争いがたえることなく続いていました。

18世紀に即位した第21代の王・英祖と次の王・正祖は争いをなくすために、党派にかたよらず公平に人材を登用する政策を進めました。農業生産の向上をはかるなどの改革にも取りくみました。この結果、王権は強化され、政治はひとまず安定しました。

ところが正祖の死後の1800年、わずか10歳の純祖が王位につくと、ふたたび政治が混乱しはじめます。王が幼いことを理由に、王妃の親戚である安東金氏が政治の実権をにぎったからです。重要な役職は、安東金氏の一族が占め、科挙をめぐる不正やわいろなども増えました。この時代の独裁政治を「勢道政治」といい、次の憲宗、哲宗の時代まで続きました。

「洪景来の乱」

勢道政治によって国の重要な役職につくことのできなくなった両班たちの不満が高まる一方、農民は重い税負担に苦しみました。

没落した両班だった洪景来（1780？～1812年）は、人びとを苦しめる政治を打倒しようと、10年がかりで各地の仲間を集め、1811年、定州（現在の北朝鮮の平安北道）を中心に戦いを起こしました（洪景来の乱）。これには、両班、地方役人、商人、農民、貧民などのさまざまな身分の人たちが参加し、政権をおびやかすほどの大規模な反乱となりました。約5か月にわたる戦いの末、洪景来は戦死。反乱軍は鎮圧されました。

しかしその後、洪景来が生きているという伝説が広がり、各地で洪景来を名のる反乱軍指導者が続出しました。こうした反乱は19世紀後半の農民反乱（→p11）の先がけとなります。

正祖に登用された武官白東脩をえがいた韓国の歴史ドラマ。
【イ・ソンス（ノーカット完全版）DVDBOX 第一章】
発売・販売元：ポニーキャニオン
©SBS

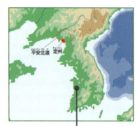

平安北道　定州

パート1　朝鮮の開国

大院君の政治

1863年、第25代の王・哲宗が死去したあと、12歳の高宗が即位。高宗はまだ幼かったので、実際の政治は父である興宣大院君がおこないました。大院君は勢道政治を排除し、力を失っていた王の権力を強化するために、次のような改革にのりだしました。

① 「三政のみだれ」の改革：三政とは、国家の財源となる田政（土地税）、軍役（軍役のかわりに布をおさめる）、還政（穀物の貸しつけと返還）をいう。役人による不当な税の取りたてがまだ続いていたのをあらためさせた。

② 書院の整理：地方両班の拠点であった書院（私設の教育施設）を大はばにへらし、派閥や家柄にかかわりなく、すぐれた人材を登用。

③ 地方の役人や両班の特権廃止と軍役の義務：このような政策は民衆には支持されたが、地方両班や学者からは反発を買って、のちの大院君失脚の要因にもなったといわれている。

④ 宮殿である景福宮の再建：景福宮は1395年に朝鮮王朝の宮殿としてつくられたが、1592年の豊臣秀吉による侵略で焼失。この再建にかかる費用は特別税をもうけて徴収した。不足分は貨幣を発行して補ったが、これが原因で物価が上がり、民衆をさらに苦しめることになった。

対外政策は、鎖国政策が基本でした。当時、清（当時の中国）がアヘン戦争、アロー戦争でイギリスにやぶれたことが朝鮮にも伝わっていたため、大院君は外国に対して危機感をもち、鎖国政策を強化していきます。

その1つとして、勢力を広げていた天主教（キリスト教カトリック）や東学などの「邪教」をしりぞけようとし、1866年にはフランス人神父9人と天主教教徒約8000人を処刑する「丙寅迫害」をおこないました。

勢道政治と外国勢力の圧力という、国内外に問題をかかえる時代に登場した大院君でしたが、1873年、息子である高宗の王妃・閔妃とその一族によって突如、失脚に追いこまれました。こうして、大院君が勢道政治を排除してわずか10年あまりでふたたび勢道政治がはじまりました。

ソウルにある現在の景福宮。大院君による再建後も破壊、再建がくりかえされた。

息子の高宗にかわり1864年から1873年まで政治をおこなった大院君。
写真：近現代PL/アフロ

パート1　朝鮮の開国

日露戦争に際して、満州で編成された義兵隊（1905年4月）。
写真：近現代PL/アフロ

6 日露戦争

日清戦争にやぶれた清では1899年、山東省で「義和団の乱」が起こります。これを鎮圧するため、ロシアや日本をふくむ8か国が軍隊を派遣。ところが日本にとっては、ロシアの進出が脅威と映りました。

日本とロシアの関係の悪化

義和団の乱は、農民を中心とした秘密結社「義和団（義和拳）」が、帝国主義に対抗するために起こしたもの。

この反乱を鎮圧したあとも満州にとどまり、占領を続けるロシアに対して、日本は満州からの撤退を要求しました。満州と韓国の勢力範囲をたがいに認めあうという提案をし、交渉するものの、ロシアには受けいれられず、日露関係は緊張する一方でした。

そうしたなか、日本は1902年にイギリスと第1回日英同盟を結びました。日本とイギリスはともにロシアの南下をしりぞけたいと考えていたからです。ロシアとの交渉を続ける一方で、ロシアとの戦争準備を進めていったのです。

1904年2月9日、日本は満州からの旅順艦隊を攻撃し、日露戦争がはじまりました。大韓帝国は中立を宣言しましたが、2月23日に結ばれた日韓議定書によって、鉄道用地や軍用地は強制的に取りあげられました。

日露講和条約

1905年2月から3月にかけて満州の奉天（現在の瀋陽）をめぐり、日露両軍は激しく戦いました。そしてまもなく、日本海で、バルチック艦隊との海戦が起こりました。日本はこれらの戦いに勝利し、韓国における支配権を各国に認めさせようとしました。

1905年7月にアメリカと桂・タフト協定をかわして、アメリカのフィリピン支配を認め、8月には第2回日英同盟を結んでイギリスのインド支配を承認。これらとひきかえに、日本による韓国の保護国化を認めさせたのです。

日本はその上で1905年9月5日、アメリカの仲介によって、ロシアとのあいだで日露講和条約（ポーツマス条約）を結びました。国力、財力をつかいはたした日本と、1905年1月に第一次ロシア革命が起こって国内が混乱していたロシアの両国にとって、これ以上の戦闘は困難だったのです。

条約の内容は、韓国における日本の政治・軍事上の優越を認めるほか、樺太を北緯50度で分け、日本とロシアでわけるというものでした。ただし、賠償金に関しての取り決めはありませんでした。

外交権をうばった第二次日韓協約

ポーツマス条約のあと、1905年11月に結ばれた第二次日韓協約を、韓国・朝鮮では「乙巳保護条約」とよびます。締結の日、特使の伊藤博文は会場となった慶運宮で日本案を韓国側に条約の内容を強引に認めさせました。

この条約で韓国は外交権をうばわれ、独立国から日本の保護国になったのです。韓国の民衆の反発は強く、調印した政府の閣僚5人は、国の独立を売りわたしたと非難され「乙巳五賊」とよばれました。

漢城（ソウル）には、日本政府の代表として、日本公使館にかわって韓国統監府がおかれることになり、トップである統監には伊藤博文が任命され、韓国の外交をもちました。

国王の高宗は、条約の無効をうったえるために、1907年6月にオランダ・ハーグで開かれた第2回万国平和会議に使節を送りましたが、韓国には外交権がないという理由で受けいれられず、目的をはたすことはできませんでした（ハーグ密使事件）。

この事件を受けて、伊藤は高宗を退位させ、純宗を即位させました。その上で7月に第三次日韓協約「丁未七条約」を結び、さらに内政についての権利もうばい、韓国軍も解散させました。

日本とのつながり

「君死にたまふことなかれ」

歌人として知られる与謝野晶子が、日露戦争に従軍した弟をなげいて書いた詩が、「君死にたまふことなかれ」（右）です。1904年、「明星」9月号に発表され、すぐれた反戦詩として今日でもよく紹介されています。

与謝野晶子（1878～1942年）
国立国会図書館所蔵

あゝをとうとよ君を泣く
君死にたまふことなかれ
末に生れし君なれば
親のなさけはまさりしも
親は刃をにぎらせて
人を殺せとをしへしや
人を殺して死ねよとて
二十四までをそだてしや

もくじ

パート1　朝鮮の開国
1. 開国前夜の朝鮮 ………………… 6
2. 欧米列強の圧力と開国 ………… 8
3. 開国後の朝鮮 …………………… 10
4. 日清戦争 ………………………… 12
5. ロシアの朝鮮進出 ……………… 14
6. 日露戦争 ………………………… 16

パート2　日本の植民地支配
7. 韓国併合へ ……………………… 18
8. 朝鮮総督府の政策 ……………… 20
9. 武断統治 ………………………… 22
10. 3.1独立運動 …………………… 24

パート3　15年戦争から解放へ
11. 15年戦争はじまる ……………… 26
12. 皇民化政策 ……………………… 28
13. 戦時総動員体制 ………………… 30
14. 朝鮮の解放 ……………………… 32

用語解説 ……………………………… 33
年表 …………………………………… 36
さくいん ……………………………… 38

パート1　朝鮮の開国

1 開国前夜の朝鮮

18世紀末から19世紀半ばにかけて、朝鮮では農業技術の改良などにより、農民の貧富の差が広がり、商人が多くうまれます。一方で両班＊とよばれた特権階級の権威が失われるなど、朝鮮の社会は変化をむかえていました。

＊朝鮮の高麗や朝鮮王朝の時代、官僚を出すことができた最上級階級のこと。

18、19世紀の朝鮮

朝鮮王朝では、両班たちの党派のちがいによる争いがたえることなく続いていました。

18世紀に即位した第21代の王・英祖と次の王・正祖は争いをなくすために、党派にかたよらず公平に人材を登用する政策を進めました。農業生産の向上をはかるなどの改革にも取りくみました。この結果、王権は強化され、政治はひとまず安定しました。

ところが正祖の死後の1800年、わずか10歳の純祖が王位につくと、ふたたび政治が混乱しはじめます。王が幼いことを理由に、王妃の親戚である安東金氏が政治の実権をにぎったからです。重要な役職は、安東金氏の一族が占め、科挙をめぐる不正やわいろなども増えました。この時代の独裁政治を「勢道政治」といい、次の憲宗、哲宗の時代まで続きました。

「洪景来の乱」

勢道政治によって国の重要な役職につくことのできなくなった両班たちの不満が高まる一方、農民は重い税負担に苦しみました。

没落した両班だった洪景来（1780？〜1812年）は、人びとを苦しめる政治を打倒しようと、10年がかりで各地の仲間を集め、1811年、定州（現在の北朝鮮の平安北道）を中心に戦いを起こしました（洪景来の乱）。これには、両班、地方役人、商人、農民、貧民などのさまざまな身分の人たちが参加し、政権をおびやかすほどの大規模な反乱となりました。約5か月にわたる戦いの末、洪景来は戦死。反乱軍は鎮圧されました。

しかしその後、洪景来が生きているという伝説が広がり、各地で洪景来を名のる反乱軍指導者が続出しました。こうした反乱は19世紀後半の農民反乱（→p11）の先がけとなります。

正祖に登用された武官白東脩をえがいた韓国の歴史ドラマ。
『ペク・ドンス〈ノーカット完全版〉DVDBOX 第一章』
発売・販売元：ポニーキャニオン
©SBS

パート1　朝鮮の開国

大院君(テーウォングン)の政治

　1863年、第25代の王・哲宗(チョルジョン)が死去したあと、12歳の高宗(コジョン)が即位。高宗はまだ幼かったので、実際の政治は父である興宣(フンソン)大院君がおこないました。大院君は勢道政治を排除し、力を失っていた王の権力を強化するために、次のような改革にのりだしました。

① 「三政のみだれ」の改革：三政とは、国家の財源となる田政(土地税)、軍政(軍役のかわりに布をおさめる)、還政(穀物の貸しつけと返還)をいう。役人による不当な税の取りたてが続いていたのをあらためさせた。
② 書院(ソウォン)の整理：地方両班(ヤンバン)の拠点であった書院(私設の教育施設)を大はばにへらし、派閥や家柄にかかわりなく、すぐれた人材を登用。
③ 地方役人や両班の特権廃止と軍役の義務：このような政策は民衆には支持されたが、地方両班や学者からは反発を買って、のちの大院君失脚の要因にもなったといわれている。
④ 宮殿である景福宮(キョンボックン)の再建：景福宮は1395年に朝鮮王朝の宮殿としてつくられたが、1592年の豊臣秀吉による侵略で焼失。この再建にかかる費用は特別税をもうけて徴収した。不足分は貨幣を発行して補ったが、これが原因で物価が上がり、民衆をさらに苦しめることになった。

　対外政策は、鎖国政策が基本でした。当時、清(当時の中国)がアヘン戦争、アロー戦争でイギリスにやぶれたことが朝鮮にも伝わっていたため、大院君は外国に対して危機感をもち、鎖国政策を強化していきます。

　その1つとして、勢力を広げていた天主教(キリスト教カトリック)や東学(トンハク)などの「邪教(じゃきょう)」をしりぞけようとし、1866年にはフランス人神父9人と天主教教徒約8000人を処刑する「丙寅迫害(ビョンインはくがい)」をおこないました。

　勢道政治と外国勢力の圧力という、国内外に問題をかかえる時代に登場した大院君でしたが、1873年、息子である高宗の王妃・閔妃(ミンビ)とその一族によって突如、失脚に追いこまれました。こうして、大院君が勢道政治を排除してわずか10年あまりでふたたび勢道政治がはじまりました。

息子の高宗にかわり1864年から1873年まで政治をおこなった大院君(テーウォングン)。

ソウルにある現在の景福宮(キョンボックン)。大院君(テーウォングン)による再建後も破壊、再建がくりかえされた。

2 欧米列強の圧力と開国

19世紀、欧米列強はインド、東南アジアなどを次つぎと植民地にしていきました。鎖国をしていた日本は開国させられ、アメリカなどとの不平等条約を強いられました。欧米列強は続いて朝鮮への侵攻をくわだてました。

外国船の来航

1866年8月、アメリカの武装商船、ジェネラル・シャーマン号が通商を要求しながら大同江をさかのぼり、平壌付近に停泊しました。乗組員は役人をとらえ、住民を威嚇射撃。さらに上陸して略奪や暴行をはたらきました。これに怒った住民はシャーマン号を焼き打ちにし、乗組員を殺害しました（ジェネラル・シャーマン号事件）。

同じ年の9月、こんどはフランス艦隊の軍艦3隻がやってきて、丙寅迫害（→p7）の責任者の処刑と貿易の開始をもとめますが、大院君はこれを拒否。フランス軍はいったん引き揚げたのち、10月にふたたび7隻の艦隊と1200人あまりの兵力で来航。兵士が江華島を占領し、2つの城を攻めますが、朝鮮側の抵抗にあって撤退しました。その際に財宝や書籍をうばっていきました。

1868年には、ドイツの商人オッペルトが大院君の父親の墓を掘りおこし埋蔵品をぬすもうとする奇妙な事件が起きました。これに怒った大院君は鎖国・攘夷の姿勢をさらに強めていきます。

1871年、5隻の蒸気船と約800人の兵士をともなってアメリカ艦隊が江華島沖に来航。アメリカの目的はシャーマン号事件の賠償請求と通商条約の締結でした。乗組員は江華島に上陸したものの、予想を上まわる朝鮮側の抵抗にあって、成果を得られないまま撤退しました。

江華島に現在も残る要塞のあと。

江華島事件で、朝鮮の兵士と戦う日本軍をえがいた錦絵。
「皇国安危朝鮮江華戦之図」国立国会図書館所蔵

日本との条約締結

　日本の明治政府は1869年、明治維新によって天皇のもとに新しい国ができたことを知らせる文書（書契）を朝鮮に送りました。ところがそのなかに、中国でしかつかうことを許されない「皇」や「勅」などの文字がふくまれていたので、朝鮮が書契の受けとりを拒否。その後、事態が進展せずいきづまっていました。

　そうしたなかで、日本は欧米列強と同じように朝鮮侵攻の機会をうかがっていました。1873年に朝鮮で大院君が失脚すると、明治政府は政治の混乱に乗じ、1875年5月と6月、日本の軍艦2隻を釜山港に派遣して、砲撃の演習などをおこないました。9月には同じ軍艦の1隻が江華島に停泊していたところ、朝鮮側から砲撃を受けて日本軍が応戦。兵士が永宗島に上陸して民家を焼きはらい、島民を殺害しました（江華島事件）。

　翌年2月、明治政府はこの事件を口実に、黒田清隆を全権正使、井上馨を副使として軍艦とともに朝鮮に派遣し開国を要求。交渉の結果、江華島条約（日朝修好条規）が結ばれました。

　条約は朝鮮の自主・独立を認めたものの、治外法権、関税の免除など、朝鮮にとって不平等な内容でした。さらに、日本公使館のあった釜山港に加え2つの港の開港が約束され、朝鮮はついに開国することになりました。朝鮮はこのあと、アメリカ、イギリス、ドイツ、ロシア、フランスなどとも不平等な通商条約を結ぶことになりました。

日本とのつながり

朝鮮をめぐる対立

　このころ、西郷隆盛、板垣退助らが、武力で朝鮮を制覇しようという「征韓論」を主張していました。これに対して、岩倉具視、大久保利通、木戸孝允らは反対し、論争にやぶれた西郷は政治の世界から身をひきました。

　その後、明治政府に不平をもつ士族にかつぎだされた西郷は、1877年の西南戦争で政府軍にやぶれ自決しました。現在では、西郷が強硬な征韓論者であったかどうかについては評価がわかれています。

西郷隆盛と伝えられる写真。
国立国会図書館所蔵

3 開国後の朝鮮

日本の圧力に屈して鎖国政策をやめ開国することになった朝鮮では、生活に苦しむ民衆のあいだに世直しをもとめる声が高まり、「民乱の時代」といわれるほど各地で反乱があいつぎました。

壬午軍乱

「壬午軍乱」とは、1882年7月に首都・漢城(ソウル)で起こった軍人による暴動のことをいいます。

朝鮮では開国後、近代化にむけた改革がはじまり、その1つとして新式の軍隊「別技軍」がつくられました。日本公使館所属の軍人を教官とする約80人の軍隊です。ところが別技軍は、装備や給与などの点で、もとからあった旧軍よりもはるかによいあつかいを受けていたために、旧軍兵士たちの不満が高まっていました。そうしたときに支給された米をめぐって、旧軍の兵士の不満が爆発し暴動に発展しました。

暴動の中心人物が逮捕されると、旧軍兵士たちはすでに政権を退いていた大院君に助けをもとめたのです。大院君はふたたび政権の座につく絶好の機会と考えて、兵士らを応援。彼らは別技軍の教官を殺害し、日本公使館をおそって、王宮の景福宮に乱入しました。

当時、大院君にかわり政権の中心にいた閔妃はいったん王宮を脱出し、清の援助で地方に身をかくす一方、閔氏一族の何人かは殺害されたり、重傷を負ったりしました。

こうして大院君は一時的に実権をにぎりましたが、やがて閔妃らに頼まれて侵攻してきた清軍に連行され、政権はふたたび閔氏一族の手にもどりました。この事件のあと、清は、軍隊をそのまま漢城にとどまらせ、朝鮮の政治に干渉するようになりました。この結果、日本にくらべ清が朝鮮での影響力をもつことになったのです。

壬午軍乱で襲撃された日本公使館をえがいた錦絵。中央の人物は日本の陸軍歩兵大尉。 「朝鮮大戦争之図」小林清親 画、東京経済大学図書館所蔵

パート1　朝鮮の開国

甲申政変（カプシン）

1884年に、開化派の金玉均らが起こしたクーデターを「甲申政変」とよびます。壬午軍乱のあと清の干渉が強まるにつれて、金玉均は朝鮮の将来を心配し閔氏政権のなかの保守派を追いだして近代化を進めようと考えました。そこでクーデターを起こすため日本へ支援を頼み、日本も朝鮮での影響力を取りもどすために、開化派を助けることを約束しました。

1884年12月4日、金玉均らはクーデターを決行しました。ところが、かけつけた清軍を前に、日本軍は約束を破り撤退。開化派はとらえられ処刑されました。金玉均はなんとか脱出し日本にのがれたものの、1894年3月、誘いだされた上海で暗殺されました。

こうして甲申政変は失敗に終わりました。その原因は、民衆の支持を得られなかったことと、日本の軍隊に頼ったことにあるといわれています。政変後、日本と清は1885年4月、朝鮮からの同時撤兵と、将来朝鮮に派兵する際にはたがいに知らせるという内容の「天津条約」を結びました。

甲申政変を起こした金玉均。
「金玉均」（葛生玄編、国立国会図書館所蔵）より

甲午農民戦争（カボ）

朝鮮半島南部、全羅道の古阜地方からはじまった農民の反乱が甲午農民戦争です。

1894年2月、東学の教団支部長をしていた全琫準率いる農民1000人あまりが役所をおそいました。東学の教えの中心には平等主義や、世の中をただすという思想があり、きびしく弾圧されながらも多くの民衆に支持されつづけてきました。このときは、不正な税を取りたてる役人に対して、農民の怒りが爆発したのです。

全琫準らの農民軍は、中央政府から派遣された役人とのあいだで政治をただす約束をかわして、いったん解散しました。ところが役人はその後、反乱をしずめるため、襲撃に参加した農民を次つぎにとらえていきました。

全琫準は約4000人の農民を集めてふたたび蜂起。各地の役人を追放しながら、全羅道の中心地・全州にむかいました。農民軍は全州城に入城し、政府軍とのあいだでにらみあいとなりました。すると、農民軍の進撃をおそれた閔氏政権は清に応援をもとめました。一方、日本も8000人の軍団を朝鮮に送りました。

こうした外国軍の武力介入を前にして、政府と農民は朝鮮の独立を守るために、6月、一時的に和解することにしました。これが「全州和約」とよばれるもので、悪政改革案などを盛りこんだ27条からなっています。

和約成立後、全琫準らは全州城を出て、各地で農民による自治をおこなっていきました。

甲午農民戦争を記念し、当時の古阜地方に建つ「東学農民革命記念館」。

歌川国㫫が1894年、日清戦争での日本の勝利をえがいた錦絵「成歓駅日本大勝利之図」。
アジア歴史資料センター「描かれた日清戦争」より／大英図書館所蔵

4 日清戦争

朝鮮政府は、全州和約ののち日本軍と清軍に撤兵を要求しました。ところが、日本はこれを拒否。この機会に朝鮮への支配を強めようとしていたからです。

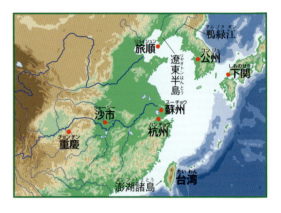

日清戦争はじまる

　1894年7月23日、日本軍は、王宮の景福宮を攻撃。朝鮮兵との銃撃戦の末に国王の高宗をとらえ、親日派の金弘集政権をつくりあげました。日本のねらいは、国王に朝鮮からの清軍の撤退をもとめる文書を書かせることにありました。これにより、清との開戦が正当化できると考えたのです。
　7月25日、半島西部の豊島沖で、日本軍の艦隊が清の艦隊を砲撃し、日清戦争がはじまります。日本は8月1日に宣戦布告をし、次つぎと清軍を破っていきます。
　朝鮮を舞台にしてはじまった日清戦争は、やがて、鴨緑江をこえて清の領土に広がります。11月には日本軍が遼東半島の旅順要塞を攻略。このとき、日本軍による大量虐殺がおこなわれて、中国人約1万人が犠牲になったといわれています。
　こうした日本軍の勝利に危機感をもったのが全琫準です。彼は農民によびかけて、10月にふたたび蜂起。農民軍は公州にむかい、ここで日本軍、朝鮮政府軍と激しく戦いました。しかし近代的な装備をもつ日本軍にやぶれ、全琫準をはじめ東学の指導者はとらえられて処刑されました。農民軍に対する弾圧は続き、犠牲者は数万人になったとも伝えられています。

パート1　朝鮮の開国

日本と清のあいだの下関条約

　遼東半島で日本と清との戦いが続いているさなかの1895年3月19日、清の全権大使、李鴻章、李経方が来日。下関で、日本側全権大使の伊藤博文首相、陸奥宗光外相と講和の交渉をはじめました。

　4月17日に締結された講和条約（下関条約）は11条からなり、おもな内容は次のようなものです。
①清は朝鮮が独立国であることを承認する。
②遼東半島・台湾・澎湖諸島が清から日本にゆずられる。
③賠償金として、清が日本に2億両（約3億1000万円）を支払う。
④日本を最恵国待遇国とした通商条約を結ぶ。
⑤清は沙市、重慶、杭州、蘇州を開放する。

　交渉のなかで、清は日本にも朝鮮の独立を認めるようもとめましたが、日本は拒否しました。朝鮮を日本に従属させようと考えていたからです。そのために、①のような文言になったのです。③の賠償金は当時の日本の国家財政の約4年分にもあたり、戦争による莫大な出費と多額の賠償金のために、清は急速に弱体化していきます。

　一方、下関条約で台湾が割譲されるという情報が伝わると、台湾では、割譲反対運動が起こり、5月23日、「台湾民主国」独立宣言が発表されました。これに対して、日本が軍隊を派遣。台湾民主国の要人は逃亡して同国は崩壊しましたが、その後4か月にわたり、日本支配に反対する台湾の民衆と日本軍の戦いがおこなわれました。

下関条約が結ばれた「春帆楼」の一室が再現された日清講和記念館（現在の山口県下関市）。

下関条約に盛りこまれた清からの独立を朝鮮自らが国内外に示そうと、1897年、漢城（ソウル）につくられた「独立門」。

5 ロシアの朝鮮進出

日清戦争に勝利し、朝鮮への清の影響力を排除した日本は、朝鮮での優越を確立していこうとしました。ところが、こうした日本の前に立ちふさがったのが、列強諸国です。なかでもロシアの姿勢が、非常に強硬でした。

三国干渉

清での利権確保をもくろんでいた列強にとって、下関条約で遼東半島を日本にゆずりわたすことは、だまって見すごすことのできないことでした。とりわけ南下政策をとっていたロシアにとって、冬でも凍らない旅順港をふくむ遼東半島は、なんとしても手に入れたい地域でした。また、そこを足がかりにして、日本が満州（現在の中国東北部）に進出してくることもおそれていました。そこでロシアは、下関条約が結ばれてわずか6日後の1895年4月23日、フランス、ドイツとともに、遼東半島を清に返還するよう干渉してきたのです（「三国干渉」という）。

日本はアメリカ、イギリスの仲介により、この干渉を食いとめようとはかりましたが、両国とも中立の立場を表明。日本は約4500万円とひきかえに、やむなく遼東半島を清に返還しました。日清戦争直後の日本には、三国を相手に戦うだけの国力がなかったためでした。

その後、遼東半島先端の大連、旅順はロシアが、対岸の山東省威海衛はイギリスが租借することになりました。

ロシアの南下政策

日本とのつながり

「臥薪嘗胆」という言葉の流行

「臥薪嘗胆」は「復しゅうをちかって、つらいことにも耐えしのぶ」といった意味です。この言葉は、三国干渉後、日本の新聞などでさかんにつかわれました。遼東半島を清に返還した政府に対する国民の反発をそらすために意識的に流されたスローガンといわれています。この三国干渉以降、日本ではロシアに対する敵対心が高まり、やがて日露戦争へとつながっていくのです。

日本が三国干渉を受けいれることが決まった「遼東還付条約」。
外務省外交資料館所蔵

閔妃殺害事件

日清戦争と前後して朝鮮の政権をまかされた金弘集は、科挙の廃止、通貨の改革、身分差別の撤廃など、広い範囲の改革に取りくみました（甲午改革）。しかし日本が干渉したために改革はゆがめられ、民衆の反日感情が強まりました。その上、三国干渉をきっかけに、閔妃一派が急速にロシアに接近し、金弘集政権内部で力をもつようになりました。

日本はロシアから閔妃を引きはなそうとしますが、うまくいかず、日本の外交の失敗の原因は閔妃にあるとして閔妃暗殺を計画。1895年10月8日の未明、日本守備隊などを景福宮に乱入させ、閔妃を殺害しました。

日本政府は、この事件を朝鮮人どうしのもめごとによるものとしてかたづけようと計画していましたが、アメリカ人やロシア人の目撃者がいたために事実が世界じゅうに知られてしまいました。

ロシアの影響力の増大

事件後、金弘集政権は「乙未改革」とよばれる改革を進めます。しかし、改革の1つとして出された断髪令に民衆が反発。閔妃殺害への怒りもくわわって各地で抗日闘争がはじまりました。

日本軍は鎮圧をこころみますが、親ロシア派の巻きかえしが起こりました。国王の高宗がロシア公使館に逃亡し、そこでロシアをうしろだてに政権を成立させたのです（露館播遷）。この事件の際に金弘集は民衆に殺害されました。

約1年後の1897年2月にロシア公使館から王宮へもどった高宗は、同年10月、国号を大韓帝国と改称し、みずからを皇帝と宣言。土地測量の推進、貨幣改革、公立学校の設立などの改革を進めました。

これらの一連の事件を経て、朝鮮（韓国*）でのロシアの影響力が大きくなり、日本は後退せざるを得なくなりました。

*大韓帝国成立以降、日本による併合までの朝鮮を「韓国」とよぶ。

高宗の王妃として強大な権力をもった閔妃ともいわれる写真。
写真：近現代PL／アフロ

一連の事件の時期と流れ

1894年	7月	金弘集による甲午改革がはじまる。日清戦争がはじまる。
	4月	下関条約が締結され日清戦争が終わる。
1895年	10月	閔妃殺害事件ののち、金弘集による乙未改革がはじまる。
	12月	乙未改革の1つとして断髪令が出される。
1896年	2月	高宗による露館播遷が起こる。
1897年	2月	高宗が王宮の慶運宮にもどる。
	10月	高宗が国号を大韓帝国にあらため、皇帝となる。

日露戦争に際して、旅順で編成された騎兵隊（1905年4月）。
写真：近現代PL／アフロ

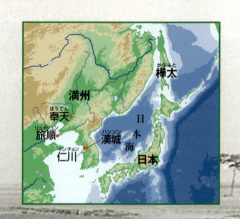

6 日露戦争

日清戦争にやぶれた清では1899年、山東省で「義和団の乱」が起こります。これを鎮圧するため、ロシアや日本をふくむ8か国が軍隊を派遣。ところが日本にとっては、ロシアの進出が脅威と映りました。

日本とロシアの関係の悪化

　義和団の乱は、農民を中心とした秘密結社「義和団（義和拳）」が、帝国主義に対抗するために起こした反乱でした。

　この反乱を鎮圧したあとも満州にとどまり、占領を続けるロシアに対して、日本は満州からの撤退を要求します。満州と韓国の勢力範囲をたがいに認めあうという提案をし、交渉するものの、ロシアには受けいれられず、日露関係は緊張する一方でした。

　そうしたなか、日本は1902年にイギリスと第1回日英同盟を結びました。日本とイギリスはともにロシアの南下をしりぞけたいと考えていたからです。ロシアと交渉を続ける一方で、ロシアとの戦争準備を進めていったのです。

　1904年2月9日、日本が仁川、旅順のロシア艦隊を攻撃して、日露戦争がはじまりました。大韓帝国は中立を宣言しましたが、2月23日に結ばれた日韓議定書によって、鉄道用地や軍用地は強制的に取りあげられました。

パート1　朝鮮の開国

日露講和条約

1905年2月から3月にかけて満州の奉天（現在の瀋陽）をめぐり、日露両軍は激しく戦いました。そしてまもなく、日本海で、バルチック艦隊との海戦が起こりました。日本はこれらの戦いに勝利し、韓国における支配権を各国に認めさせようとしました。

1905年7月にアメリカと桂・タフト協定をかわして、アメリカのフィリピン支配を認め、8月には第2回日英同盟を結んでイギリスのインド支配を承認。これらとひきかえに、日本による韓国の保護国化を認めさせたのです。

日本はその上で1905年9月5日、アメリカの仲介によって、ロシアとのあいだに「日露講和条約（ポーツマス条約）」を結びました。国力、財力をつかいはたした日本と、1905年1月に第一次ロシア革命が起こって国内が混乱していたロシアの両国にとって、これ以上の戦闘は困難だったのです。

条約の内容は、韓国における日本の政治・軍事上の優越を認めるほか、樺太を北緯50度を境に、日本とロシアでわけるというものでした。ただし、賠償金に関しての取り決めはありませんでした。

外交権をうばった第二次日韓協約

ポーツマス条約のあと、1905年11月に結ばれた第二次日韓協約を、韓国・朝鮮では「乙巳保護条約」とよびます。締結の日、特使の伊藤博文は会場となった慶運宮に日本軍を駐留させ、韓国側に条約の内容を強引に認めさせました。

この条約で韓国は外交権をうばわれ、独立国から日本の保護国になったのです。韓国の民衆の反発は強く、調印した政府の閣僚5人は、国の独立を売りわたしたと非難され「乙巳五賊」とよばれました。

漢城（ソウル）には、日本政府の代表として、日本公使館にかわって韓国統監府がおかれることになりました。トップである統監には伊藤博文が任命され、韓国の外交権をもちました。

国王の高宗は、条約の無効をうったえるために、1907年6月にオランダのハーグで開かれた第2回万国平和会議に使節を送りましたが、韓国には外交権がないという理由で受けいれられず、目的をはたすことはできませんでした（ハーグ密使事件）。

この事件を受けて、伊藤は高宗を退位させ、純宗を即位させました。その上で7月に第三次日韓協約「丁未七条約」を結び、さらに内政についての権利もうばい、韓国軍も解散させました。

日本とのつながり

「君死にたまふことなかれ」

歌人として知られる与謝野晶子が、日露戦争に従軍した弟をなげいて書いた詩が、「君死にたまふことなかれ」（右）です。1904年、「明星」9月号に発表され、すぐれた反戦詩として今日でもよく紹介されています。

与謝野晶子（1878〜1942年）。
国立国会図書館所蔵

あゝをとうとよ君を泣く
君死にたまふことなかれ
末に生まれし君なれば
親のなさけはまさりしも
親は刃をにぎらせて
人を殺せとをしへしや
人を殺して死ねよとて
二十四までをそだてしや

パート2　日本の植民地支配

7 韓国併合へ

三回にわたる日韓協約により、韓国は外交権、内政権をうばわれて日本の保護国となり、各地で抗日運動が起こりました。一方、日本政府の内部では、韓国への支配を強める意見が台頭。その矢先、伊藤博文が暗殺されました。

伊藤博文暗殺の背景

日本の保護国になったことへの韓国国内の抵抗の動きは「愛国啓蒙運動」「抗日義兵闘争」と、大きく2つにわけられます。その内容はおおむね次のとおりです。

- ●愛国啓蒙運動：教育や言論・出版を通じて愛国心を高めていこうとする運動で、かつての開化派の流れを受けついだもの。韓国統監府は当初黙認していたが、しだいに弾圧を強めていった。
- ●抗日義兵闘争：韓国軍の解散をきっかけに、職を失った軍人が各地の義兵に合流して、反日武装闘争が全国に拡大した。統監府はこれを弾圧したため、1909年後半に闘争は沈静化。残った義兵は満州やシベリア東部などにわたり、独立軍となった。

1905年に韓国統監となった伊藤博文は当初、韓国国内の自治を重んじていたとされます。ところが、韓国での反日闘争が激化するにつれて、その考えをかえていき、1909年5月に統監を辞任します。1909年10月、伊藤はロシアと満州問題を交渉するために満州にむかいました。26日朝、伊藤の乗る列車がハルビン駅に到着。列車からおりてロシア兵を見まわったところで伊藤は3発の銃弾を受けて倒れました。

伊藤を撃った安重根は、愛国啓蒙運動にかかわり、深く影響を受けた人物でした。その場でロシア兵に逮捕され、日本側に引きわたされました。

1910年2月、安重根は死刑判決を言いわたされ、翌月処刑されました。

日本の内閣総理大臣などののち、1905年から初代統監をつとめた伊藤博文。
国立国会図書館所蔵

伊藤博文が暗殺されたハルビン駅の現在のようす。2014年1月、安重根記念館が駅舎内につくられた。

韓国併合を喜び、提灯行列で祝う日本の人びと。　写真：毎日新聞社

日本の韓国併合

　伊藤博文が暗殺されたあと、日本政府内では、韓国に対してより強い支配体制が必要だと考えられ、韓国を植民地化しようとする動きが加速しました。政府は1910年4月にロシアから、5月にイギリスから、それぞれ韓国併合の同意を取りつけ、国際的に承認されたという状況をつくりあげたのです。こうして1910年8月22日、統監の寺内正毅と李完用首相のあいだで「韓国併合に関する条約」を調印、29日に公布しました。これによって大韓帝国は滅亡し、日本の植民地になったのです。

　ここから35年におよぶ日本の支配がはじまりました。名称は国号の「大韓帝国」から、日本の一地域としての「朝鮮」にかえられました。首都・漢城は「京城」と改称。統治のために、韓国統監府にかわって朝鮮総督府がおかれることになりました。初代総督には韓国統監だった寺内正毅が任命されました。

韓国と日本の反応

　条約は、全8条からなり、1条で「韓国皇帝がいっさいの統治権を完全に日本の天皇に譲与」し、2条で「天皇はこの申し出を受け入れて、韓国を併合する」となっています。実際には日本の侵略による併合でありながら、日本が強制したのではなく、韓国からゆずられたという形をよそおったのです。

　韓国では併合条約の調印は秘密にされ、公布にむけて、混乱に備えた態勢がしかれましたが、大きな混乱は起こりませんでした。義兵活動が韓国内で弾圧されたなか、民衆は生活に苦しみ、抵抗するすべがなかったのです。

　日本では韓国の民衆の苦しみを知ることもなく、併合を祝う行列がおこなわれ、新聞・雑誌などは併合を支持する言葉でうめつくされました。「併合」という言葉は植民地支配という実態をかくすために、このときに新しくつくられたといわれています。

上空から撮影された朝鮮総督府の庁舎（中央の白い建物）。1916年に工事がはじまり、1926年に完成してその姿を見せつけた。うしろには王宮だった景福宮がある。
写真：毎日新聞社

8 朝鮮総督府の政策

韓国併合にともなってあらたに設置された統治機構が、朝鮮総督府です。1905年に設置された韓国統監府の機構を受けつぎ、朝鮮を日本の支配下におくためさまざまな政策を進めていきました。

朝鮮総督府とは？

朝鮮総督府の最高責任者である総督は現役の陸海軍大将のなかから任命され、初代総督の寺内正毅にはじまって、1945年に廃止されるまでの8人すべてが軍人でした。

総督は天皇に直属し、司法、行政、立法の3分野に大きな権限をもち、さらに陸軍・海軍の統率権もあたえられていました。その権限は総理大臣以上で、「小天皇」ともよばれました。総督府の重要な役職の多くは日本人が占めました。地方の行政組織でも、重要な役職は日本人が占めていました。

大韓帝国時代の王族、皇族は日本の皇族と同じようなあつかいを受けた一方、朝鮮貴族のうち75人に爵位があたえられ日本の華族に準じられました。親日派のこれまでの行動への感謝とこれからの協力への期待のためだったといわれます。

朝鮮総督府の役割

総督府はこうした政策の一方で、植民地支配を強固なものにするため経済的な体制を整えました。その1つが「土地調査事業」です。これは1910年から1918年にかけておこなわれ、土地の所有者をはっきりさせた上で地税を徴収するのがねらいでした。しかし申告にもとづくものだったために、申告できなかった農民は土地をうばわれ、多くの土地が日本人地主の手にわたる結果になりました。

もう1つは、「会社令」です。これは、会社を設立するときには総督の許可を得るという規則ですが、実際に朝鮮人に許可されたのは全体の1割ほどでした。総督府が朝鮮人の申請をおさえこんだというだけでなく、日本企業が進出するなかで、小さな朝鮮企業がわりこんでいく余地がなかったのです。

パート2　日本の植民地支配

日本人への「同化政策」

　朝鮮総督府の基本方針は同化政策でした。「同化政策」というのは、さまざまな方法で朝鮮人を日本人化しようとする政策をいいます。当時は、朝鮮人が日本に同化することが幸福につながるとうたわれていました。

　同化政策のなかでも総督府がもっとも重視したのが「同化教育」です。学校の授業は日本語でおこなわれ、日本語の授業時間は朝鮮語よりも多く、修身（道徳教育のこと）は全学年で必ず教えられました。歴史や地理の授業では、日本の歴史や地理が教えられました。

言論統制

　同化政策のもと、伝統的な教育機関であった「書堂（ソダン）」に対しては、民族主義的であるという理由で統制が強められました。また、言論・出版などを通して同化政策を進めるために『大韓毎日申報（テーハンメイルシンボ）』『漢城新聞（ハンソンシンムン）』など朝鮮人が発行する朝鮮語新聞をはじめ、多くの民族的な雑誌、書籍が廃刊・発行禁止になりました。残ったのは、『京城日報（けいじょうにっぽう）』（日本語）、『毎日申報（メイルジンボ）』（朝鮮語）などだけでした。

1906年に創刊された『京城日報』は、朝鮮総督府の「機関紙」としての役割をはたした。写真は1908年9月1日の2周年記念号。　日本新聞博物館所蔵

日本語で教育を受ける朝鮮の子どもたち。　写真：毎日新聞社

武断統治

朝鮮総督府による支配は、軍人の総督のもと、武力を背景にしたきびしいものでした。これを武断統治とよんでいます。とりわけ1910年代は武断統治がきびしく、これに抵抗する民衆の運動も激しくなりました。

武断統治の象徴・憲兵警察制度

武断統治の特徴的なものが、憲兵警察制度です。「憲兵」とは、軍隊に所属する警察のことです。朝鮮総督府では憲兵が一般の警察官とともに警察業務をおこなっていました。

その業務は、民族運動の弾圧などのほか、司法、行政の広い範囲にわたっていました。憲兵と警察官が一緒になって、民衆の日常生活のすみずみにまで目を光らせていたのです。

警察機構の重要な役職は憲兵が占め、年ねん、警察官よりも憲兵のほうが増えていきました。この時期には、日本の全憲兵隊員の8割が朝鮮の憲兵隊員だったとされています。また憲兵や警察官のなかには多くの朝鮮人がふくまれていました。朝鮮を支配するには、朝鮮社会をよく知っている朝鮮人をつかう必要があったからです。

警察署長や憲兵隊長は、軽い罪であれば裁判なしで刑罰を科すことができました。この刑罰のなかで、朝鮮人にのみ適用されたのが苛酷なむち打ち刑（「笞刑」）です。

これは挙動不審、日本人への侮蔑、日本人とのいいあらそいなどが犯罪と見なされて科せられる刑罰で、1911年から1916年にかけて5倍に増え、全刑罰の半分近くを占めたとされています。

京城の憲兵隊本部で撮影された憲兵と警察。
黒い服が憲兵で、白い服が警察官だという。
『図録 植民地朝鮮に生きる』（岩波書店）より

民族運動の発展

武断統治のもとで大規模な民族運動はおさえられたものの、独立をうばわれた朝鮮の民衆の不満はしだいに大きくなっていきました。

1910年、安重根(→p18)のいとこらが独立運動の資金を集めていたとして逮捕され(安岳事件)、1911年には、愛国啓蒙団体の新民会が寺内正毅総督の暗殺未遂事件を起こしたとして、約700名が逮捕、そのうちの105人が起訴され懲役刑となる事件(「105人事件」)が起きました。

併合後、弾圧をのがれて多くの朝鮮人が満州やロシアに移住し、そこで独立運動を起こすようになったため、民族運動の活動の拠点はしだいに国外に広がっていきました。ロシアでは、当時シベリアに出兵していた日本軍に対して朝鮮人による抗日非正規部隊が組織され、北京や上海でも呂運亨などによる独立運動が起こりました。このような運動が朝鮮国内の運動に影響をあたえていきます。

1910年に第3代韓国統監(韓国併合後は初代朝鮮総督)となった寺内正毅。 国立国会図書館所蔵

産米増殖計画

1918年に富山県で起きた米騒動をきっかけにして、日本本土で不足している米を朝鮮から送るために、1920年以降、朝鮮では生産を増やすことになりました。これが「産米増殖計画」です。

朝鮮での米の生産量は増えたものの、それをはるかに上まわる米が日本に供給されて、朝鮮の農民は飢餓状態におちいりました。生活に苦しむ農民は耕地をすて、陸続きの中国やソ連、あるいは海をわたって日本に移住していきました。

米騒動が起こった富山県魚津市にある記念碑。

米騒動で「米を買いしめている」とうわさが立ち民衆の暴動で焼き打ちにされた、神戸の鈴木商店本店。

10 3.1独立運動

武断統治のもとで民衆は自由をうばわれ、民族運動への弾圧は続きました。一方、世界では、ロシア革命によって社会主義国家が誕生。第一次世界大戦後には多くの独立国家がうまれるなど、独立運動がさかんになりました。

独立運動の高まり

ヨーロッパを中心におこなわれた第一次世界大戦がドイツの敗北によって終わり、1919年1月にフランスのパリで講和会議が開かれました。このとき、アメリカや上海で独立運動をおこなっていた安昌浩や呂運亨らは、この講和会議に出席して朝鮮の独立をうったえようとしましたが、列強の反対で実現できませんでした。また1919年2月8日、東京では、朝鮮人留学生約600人が集まって独立宣言を発表しました。

このような海外での独立への動きは、朝鮮にも刺激をあたえ、東学の後身である天道教などの宗教的指導者や教師、学生などはばひろい階層の人たちのあいだで、独立にむけた計画がひそかに進められました。「独立宣言書」を2万枚以上つくり、全国に配布・発表する準備も整いました。

それに先だつ1月、「李太王」(高宗)が急死し、3月3日に柩が墓所にむかうことになりました。

当初、独立宣言発表は葬儀前日の2日に予定していましたが、混乱をさけるために1日に変更されました。この日、ソウルのパゴダ公園に集まった民衆を前に、学生代表が独立宣言書を朗読。そのあと「独立万歳」と声を上げながらデモ行進をはじめました。この「3.1独立運動」はたちまち数万人の群衆を巻きこんだ大規模なものに発展し、その日のうちに全国にひろがりました。朝鮮総督府はこれをきびしく弾圧し、民衆のあいだに多くの死者、負傷者、逮捕者が出ました。

この3.1独立運動は、独立こそはたせなかったものの、朝鮮史上最大の抗日運動だったといわれています。

ソウルのパゴダ公園(下/現在はタプゴル公園とよばれる)にある3.1独立運動のレリーフ(左)。運動に参加する民衆と、それを弾圧する日本軍がえがかれている。

3.1独立運動をきっかけにして

日本は3.1独立運動に大きな衝撃を受けて、それまでの植民地支配を転換しました。

新しく朝鮮総督に就任した斎藤実は統治機構の改革に乗りだし、まず武断統治をあらため、軍人（武官）以外も総督になれる制度を導入しました。しかし、これは建前上のことで、実際には朝鮮総督府が廃止されるまで軍人以外が総督になることはありませんでした。

また、憲兵警察制度を廃止して普通警察制度に移行しました（ただし実際には、警察官の数はその後増加し、朝鮮人に対する監視体制はむしろ強まった）。むち打ち刑も廃止されました。

1919年8月に第3代朝鮮総督となった斎藤実。
国立国会図書館所蔵

言論の自由

3.1独立運動をきっかけに、それまで制限されていた言論・出版の自由が認められました。この結果、朝鮮語による新聞・雑誌が多く刊行されました。なかには社会主義的な雑誌も発行されました（ただしこれらの新聞・雑誌は事前検閲を義務づけられ、総督府にとって都合が悪い記事と判断されれば廃刊になった）。

また集会・結社の自由も治安を乱さないという条件つきながら認められ、多くの結社がつくられました。このような改革を進める一方で、総督府は日本に協力的な朝鮮人を支援し、朝鮮人どうしを分断しようとしました。

3.1独立運動ののち、朝鮮国内の運動は一時おさまりましたが、拠点を海外に移した運動がさかんになっていきました。1919年4月には上海で、大韓民国臨時政府が樹立され、1920年には李承晩が大統領になりました。その後、内部対立の結果、活動を停止しますが、やがて中国の南京、そして重慶に拠点を移して日本に対する抵抗運動をおこなっていきました。

 **日本とのつながり**

関東大震災と朝鮮人虐殺

1923年9月1日、関東大震災が起こり、東京を中心に死者・行方不明者10万人以上を出す大惨事になりました。このとき、混乱に乗じて朝鮮人が暴動を起こすなどという根も葉もないうわさが広がり、自警団によって6000人以上ともいわれる朝鮮人が虐殺されました。政府によって、多くの日本人が3.1独立運動をたんなる暴動と教えられていたこと、朝鮮人に対する恐怖心や差別意識を植えつけられていたことなどが事件の背景にあったと考えられます。

関東大震災で被害を受けたまち（現在の神奈川県横浜市）。
横浜市中央図書館所蔵

パート3　15年戦争から解放へ

11 15年戦争はじまる

アメリカの株価暴落にはじまった世界大恐慌が続くなか、日本は、社会的不安、経済的混乱の解決策を満州侵略にもとめ、日中戦争に突入。1931年の満州事変から1945年の太平洋戦争終結までの戦争を「15年戦争」とよびます。

満州事変の背景

1931年9月18日夜、関東軍が満州・奉天郊外の柳条湖で南満州鉄道を爆破しました（柳条湖事件）。関東軍は、これを中国軍による爆破だといつわり、軍事行動を拡大して満州を占領。翌年3月には溥儀を元首とする「満州国」を建国しました。柳条湖事件をきっかけにはじまった戦争を「満州事変」といいます。

満州事変の背景の1つとされるのが、万宝山事件です。1931年7月、満州・長春郊外の万宝山で水田開拓をめぐって、朝鮮人と中国人の農民が衝突。朝鮮でこの事件が大げさに報道されたために、朝鮮内では中国勢力を排除しようという運動が起こり、平壌や仁川で死傷者を出す暴動に発展しました。日本はこの事件を利用して、朝鮮人と中国人の対立をあおり、「満州にいる同国人を守る」という名目で満州侵略を正当化しようと考えたのです。

日本の国際連盟脱退

日本は当時、国際連盟の常任理事国でした。しかし、1933年2月24日の国際連盟総会で、満州から日本軍の撤退をもとめるかどうかの投票がおこなわれ、賛成42、反対1、棄権1となりました。反対票を投じた日本代表団は、ただちに議場から退場。日本は3月27日、連盟に脱退を通告しました。

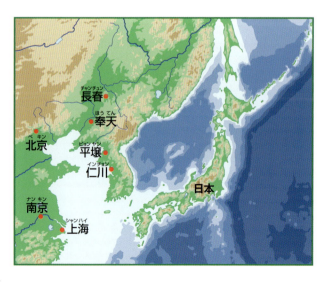

脱退を「最上の方策」と伝える当時の新聞。
大阪毎日新聞（1933年3月10日）神戸大学経済経営研究所新聞記事文庫所蔵

盧溝橋事件で日中全面戦争へ

1937年7月7日には、北京郊外の盧溝橋で、日本軍の兵士が行方不明になったことをきっかけに、日本軍と中国軍が武力衝突。この盧溝橋事件をかわきりに、日中戦争がはじまりました。

その後、いったん停戦協定が結ばれたものの、日本政府は方針をかえて満州に軍隊を派遣。8月には武力衝突（第二次上海事変）が起こり、日本と中国は全面戦争へと突入していきました。

中国の重慶を爆撃する日本の航空機(1940年)。日中戦争が本格化すると中国大陸の各地で戦闘がおこなわれ、日本は兵器や燃料など多くの物資を必要とした。
写真:新華社/アフロ

朝鮮の「大陸兵站基地」化

日中戦争が拡大するにともない、朝鮮は、日本軍に人員や兵器、食糧などを補給するための基地のようになっていきます。朝鮮半島は中国と陸続きであり、資源や労働力が豊富だったことから、これらの物資を生産し、中国にいる日本軍へ補給するのに最適だったのです。このころの朝鮮は「大陸兵站基地」(「兵站」とは、軍を後方で支援する機能)となっていたといわれます。

これにともない深刻になったのが労働力不足でした。日本本土では1938年、国のすべてのもの・人を政府の統制下におく国家総動員法が、翌年には強制的に労働力を動員する国民徴用令が公布されました。朝鮮では1944年まで国民徴用令が適用されませんでしたが、実際には強制的に動員されることも少なくありませんでした。

こうして集められた労働者は、九州や北海道の炭坑、鉱山、軍需工場などに連行されました。その人数は、終戦までに約67万人といわれています。1944年には、日本で女子挺身勤労令が公布されましたが、それが朝鮮にも適用されて、朝鮮人女性が軍需工場などに動員されました。

 日本とのつながり

慰安婦問題

「慰安婦」とは、本人の意思に反して集められ、慰安所などで日本兵士に性的奉仕を強いられた女性たちのことです。当初、慰安婦になったのは、朝鮮や台湾の女性でしたが、日本軍が占領した太平洋の地域などでは、現地の女性も慰安婦になりました。

現在、日本と韓国のあいだでは、慰安婦の強制連行があったのかどうか、国家・軍による関与の有無などをめぐって、見解がわかれています。また慰安婦に対する補償問題などで対立が続いています。

慰安婦問題について報道する新聞記事。
朝日新聞(2015年7月2日)

12 皇民化政策

日本の朝鮮支配の基本方針であった「同化政策」は、日中戦争の拡大にともなって、「内地（日本）」と朝鮮は一体であるという「内鮮一体」へとかわっていきました。これを実現するためにとられたのが「皇民化政策」です。

皇民化政策の実態

1936年に朝鮮総督となった南次郎は「内鮮一体」をかかげ、神社参拝の義務化、教育勅語の奉読などの政策を次つぎに打ちだしました。1937年10月には「皇国臣民の誓詞」を制定。これには児童用と中学生以上の一般用の2種類があり、児童用は、次のような内容になっていました。

> 一、私共ハ大日本帝国ノ臣民デアリマス。
> 二、私共ハ心ヲ合セテ天皇陛下ニ忠義ヲ尽シマス。
> 三、私共ハ忍苦鍛錬シテ立派ナ強イ国民トナリマス。

子どもたちは教室や朝礼などで、この誓いをくりかえしとなえさせられました。南はこうすることで、朝鮮人に日本人意識を植えつけることをねらったのです。しかし日本語を知らない朝鮮の人びとは意味もわからずに、ただ丸暗記するだけだったといわれています。

1938年4月には、第三次朝鮮教育令が施行されました。これによって日本人と朝鮮人は共学となり、教科書も同じものを使用。朝鮮語は教えなくてもよいとされ、授業では日本語をつかうことが強要されました。

皇民化政策に抵抗する民衆や団体はきびしく弾圧されました。神社参拝に反対していたキリスト教系の学校は廃校。宣教師や信者の逮捕、教会の廃止などがあいつぎました。『東亜日報』『朝鮮日報』などの、朝鮮人が発行していた新聞・雑誌も廃刊になりました。

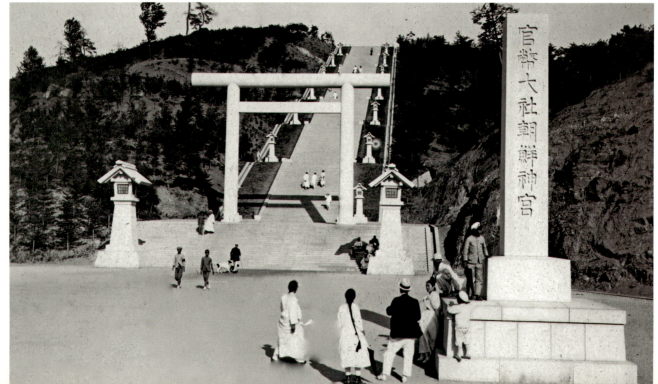

現在のソウルに1925年につくられた「朝鮮神宮」。戦時中は参拝が強要されたが、日本の敗戦にともない1945年にとりこわされた。　写真：朝日新聞社

「創氏改名」とは

皇民化政策のなかで、朝鮮人にとってもっとも屈辱的であったのが、1939年11月に公布された朝鮮民事令の改正による創氏改名です。「創氏改名」というのは、朝鮮式の姓を廃止し、あらたに日本式の「氏」を名のり、これにともなって名もあらためられるという規則のことです。

血族・血統社会の朝鮮では「氏名」のかわりに「姓名」がありましたが、結婚しても妻は夫と同じ姓にはならず、男女別姓が原則でした。朝鮮古来のこのような家制度を否定して、日本的な家制度を導入しようとしたのが創氏改名なのです。朝鮮人にとっては、祖先から続く自分の全人格を否定されるようなきびしい規則でした。すでに朝鮮ではじまっていた志願兵制や、そのあと予定されていた徴兵制のため、「皇軍」（天皇の軍隊）の一員となる以上は、名前も日本式にするという意図でした。

創氏改名は1940年2月11日の改正朝鮮民事令の施行から8月10日までの半年間のうちに新しい「氏」を届け出なければなりませんでした。届け出がない場合でも、それまでの朝鮮姓が「氏」となり、妻の姓は夫の姓にかわりました。

当初、創氏改名に積極的に応じる人は多くありませんでした。そこで役所での強要・いやがらせや、教師から子どもを通して親を説得するなどさまざまな手段をつかった結果、期限までに80％をこえる朝鮮人が創氏改名に応じました。創氏改名は日本の敗戦にともなって終わりましたが、現在でも創氏名をそのまま通名としてつかっている在日韓国・朝鮮人もいます。

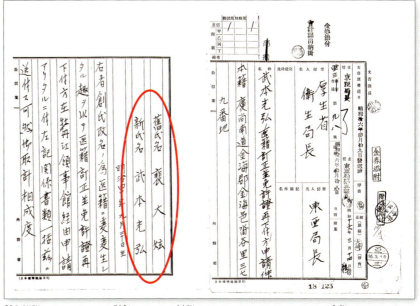

創氏改名にともない、医師免許の再発行を申請した書類。「旧氏名」と「新氏名」の記載がある。
外務省外交史料館所蔵

日本とのつながり

日章旗抹消事件

1936年のベルリン・オリンピックのマラソン競技で、朝鮮人の孫基禎が「日本代表」として優勝しました。『朝鮮中央日報』と『東亜日報』は、このニュースを報道する際、孫基禎の胸の日の丸（日章旗）を消した写真を掲載しました。

この「日章旗抹消事件」のあと、『朝鮮中央日報』は自主廃刊。『東亜日報』は朝鮮総督府によって無期停刊処分を受け、1940年には廃刊に追いこまれました。

孫基禎の優勝を伝える『東亜日報』の写真。左が検閲を通過した第1版、右が日の丸を消した第2版。東亜日報（1936年8月25日）

動員された朝鮮の学徒兵（1944年）。
写真：毎日新聞社

13 戦時総動員体制

1941年12月8日、日本軍がハワイの真珠湾を奇襲攻撃。太平洋戦争がはじまりました。朝鮮では、戦時総動員体制が強化され徴兵制がおこなわれました。一方、満州や中国では日本軍に対する抵抗運動が続いていました。

志願兵制・徴兵制

　日中戦争から太平洋戦争へと戦争がさらに拡大するにともなって、不足してきたのは労働力だけではありませんでした。兵士としても朝鮮人の動員が必要になったのです。そこで朝鮮総督府は1938年2月に「朝鮮陸軍特別志願兵令」を公布。朝鮮人に、兵士への志願（自ら願い出ること）をもとめるものです。

　志願兵となった人の多くは、貧困からぬけだすために志願したまずしい農民出身者でした。1943年には海軍にも志願兵制が適用されました。同年、朝鮮人にも学徒出陣を適用。1944年からは徴兵制が実施されました。

　徴兵後、朝鮮人兵士は各部隊に分散させられましたが、前線に近づくにしたがい、日本人兵士にくらべ朝鮮人兵士は少なく配置されました。銃をもった朝鮮人兵士が敵側に寝がえって、日本軍に銃口をむけてくるのをおそれたからだといわれています。また「内鮮一体」「皇軍の兵士」といわれながらも、朝鮮人兵士は差別的なあつかいを受け、逃亡する者が続出しました。

　学徒兵の場合は志願兵が少なく、教師や役所による説得、脅迫などを通して志願が強制されました。しかし志願したものの脱走する者、あるいは反乱を起こす者が少なくありませんでした。

　こうして動員された朝鮮人は30数万から40万人にのぼり、そのうち2万人以上が犠牲になったと推定されています。

民衆の抵抗

　朝鮮総督府の統治のもとで、朝鮮内では組織的な抵抗はおさえつけられていました。それでも、神社参拝拒否や動員先での労働者・兵士の逃亡、食糧供出への非協力など、小さな抵抗はねばりづよく続けられました。また、日本の敗戦、朝鮮の独立などを予言するうわさが飛びかい、民衆のあいだに広がりました。

　解散させられた宗教団体はひそかに活動を進め、呂運亨率いる朝鮮建国同盟などの秘密結社も独立にむけた活動を続けていました。満州、中国の延安、重慶などでも、朝鮮人が中国の政党などとともに日本への抵抗を続けました。

　一方で、すすんで戦争へ協力する李光洙らの文学者、知識人たちもあらわれました。彼らは積極的に創氏改名に応じたり、民衆に戦争協力をよびかけるなどの活動をおこないました。

日本の敗戦

　1945年8月15日、日本がポツダム宣言を受諾したことが、玉音放送により発表されました。太平洋戦争が終結し、日本の敗戦にともなって、朝鮮はようやく35年間におよぶ植民地支配から解放されることになったのです。

　この時点で、日本に住む朝鮮人は、動員された労働者をふくめて200万人をこえていました。なかには、東京・大阪などの大空襲や広島・長崎に落とされた原爆で被害にあった人も少なくありませんでした。

　また戦後の戦争犯罪人に対する裁判では、日本人とともに、戦時中に動員された朝鮮人兵士も裁判にかけられました。148人が有罪とされ、そのうち23人が死刑になりました。

広島の原爆で亡くなった朝鮮人をいたみ、1970年につくられた「韓国人原爆犠牲者慰霊碑」。現在、広島の平和記念公園にある。

14 朝鮮の解放

1945年8月15日、朝鮮の各地は解放を喜ぶ人びとであふれていました。待ちに待った解放の日がついにきたのです。韓国ではこの日を「光復節」とよんでいます。一方であらたな悲劇もはじまっていました。

朝鮮での建国の動き

解放の日、朝鮮総督府では、総督に次ぐ地位の政務総監・遠藤柳作が独立運動家・呂運亨と、解放後の朝鮮の政治をどうするかについて会談をおこなっていました。呂運亨は日本人の政治・経済犯の釈放、日本が新しい国づくりへ干渉しないことなどを提案し、遠藤はこれを了承。呂運亨は新しい国づくりのため朝鮮建国準備委員会を結成し、またたくまに朝鮮全土に支部がうまれました。

このころ朝鮮に住んでいた70万人をこえる日本人はほとんど何ももたず日本に帰りました。南朝鮮地域からの帰国は比較的順調におこなわれましたが、ソ連が支配していた北朝鮮地域からの帰国は困難をきわめ、餓死、病死などで3万人以上が亡くなったと推定されています。

あらたな悲劇

朝鮮人が解放の喜びにわきかえっていたころ、他方では悲劇の兆しがうまれていました。

8月8日に日本に宣戦したソ連はあっというまに満州、南樺太、千島列島だけでなく朝鮮北部にも軍を進めましたが、ソ連の朝鮮全土占領をおそれたアメリカは、日本軍から武器を取りあげる（武装解除）ことを口実に、北緯38度線を境に朝鮮半島を南北に分割占領することをソ連に申しいれました。ソ連もこれに応じ、すでに関係が悪化していたアメリカとソ連のもとで、南北分断というあらたな悲劇がはじまろうとしていました。

朝鮮の解放を喜ぶ、当時日本にいた朝鮮の人びと（東京・日比谷）。
写真：毎日新聞社

用語解説

あ アヘン戦争　　　　　　　　　　　　　　　7
1840〜1842年。アヘンの密輸を取りしまろうとした清に対し、イギリスが軍隊を派遣し起こした戦争。イギリスが勝利し、香港の割譲、広州など5港の開港、賠償金の支払いなどを認めた南京条約が調印された。1856年から1860年にはアロー戦争（第2次アヘン戦争）が起こった。

安重根（アンジュングン）　　　　　　　　18、23
1879〜1910年。朝鮮の愛国家、独立運動家。日本による韓国侵略に抗議し、抗日義兵運動を展開。1909年にハルビン駅前で伊藤博文を暗殺し、翌年処刑された。

安東金（アンドンキム）　　　　　　　　　　6
朝鮮の氏族の1つ。朝鮮王朝の後期に政治上の重要な地位を独占し、勢力をふるった。

李光洙（イグァンス）　　　　　　　　　　　31
1892〜1950年。朝鮮の作家、思想家。韓国では近代文学の祖とされている。第二次世界大戦のときには親日派となり、日本への協力をよびかけた。朝鮮が解放されたあとは、反民族行為処罰法により投獄された。

李承晩（イスンマン）　　　　　　　　　　　25
1875〜1965年。韓国の政治家。日本の韓国併合後、アメリカで朝鮮独立運動をおこなった。1945年に帰国し、1948年、大韓民国の成立にともない初代大統領に就任、第3代までつとめる。反共産主義・独裁的な政治を進めたが、1960年に失脚した。

伊藤博文（いとうひろぶみ）　　　　13、17、18、19
1841〜1909年。日本の政治家。1885年、明治政府で内閣制度を創設し初代内閣総理大臣に就任。1889年に大日本帝国憲法を発布した。枢密院議長、貴族院議長、内閣総理大臣などを歴任。1906年に初代韓国統監に就任するが、1909年、満州のハルビン駅前で暗殺された。

か 開化派　　　　　　　　　　　　　　11、18
朝鮮王朝末期に、清からの独立をめざし、日本の明治維新を手本にした改革をおこなうべきだと考えた勢力。

甲午農民戦争（カボ）　　　　　　　　　　　11
1894年に起きた、朝鮮政府と外国勢力に対する農民の反乱。東学の幹部が率いて蜂起し、いったんは朝鮮政府と和解し政治改革をめざすが、日清戦争がはじまるとふたたび蜂起した。

樺太（からふと）　　　　　　　　　　　　　17
北海道の北に位置する、南北に長い島。日本とロシア（ソ連）とのあいだで領有権がくりかえし移転してきた。現在、全島でロシアが行政権を行使している。

金玉均（キムオッキュン）　　　　　　　　　11
1851〜1894年。朝鮮の政治家で、開化派のリーダー。朝鮮の近代化に力を尽くし、改革をめざして1884年に甲申政変を起こしたが失敗。日本に亡命し、福沢諭吉などに保護された。1894年に暗殺された。

金弘集（キムホンジプ）　　　　　　　　12、15
1842〜1896年。朝鮮王朝末期の政治家。日清戦争の開戦直後、総理大臣となって開化派をまとめ、甲午改革を推進した。しかし日本による閔妃殺害などで支持を失い、親ロシア派政権の成立にともなって失脚、民衆に殺害された。

教育勅語（きょういくちょくご）　　　　　　28
1890年、明治天皇により発布され、日本の教育の基本方針となったもの。忠君愛国（君主に忠義を尽くし国を愛すること）を強調し、教育上の精神的支柱とされた。1948年に廃止された。

科挙（クァゴ）　　　　　　　　　　　　　6、15
中国、朝鮮でおこなわれていた、官僚になるための試験。「文科」「武科」「雑科」の3種類があり、エリート文官になるための文科がもっとも重んじられた。

光復節（クァンボクせつ）　　　　　　　　　32
日本の植民地支配から解放された1945年8月15日を記念し、8月15日に定められた大韓民国の祝日。「光復」とは、失われた祖国と主権が回復したことを意味する。

国際連盟（こくさいれんめい）　　　　　　　26
1920年、アメリカ大統領ウィルソンの主張によりつくられた国際組織。発案者のアメリカは加盟せず、日本やドイツの脱退で弱体化し、1946年に解散した。

高宗（コジョン）　　　　　　　7、12、15、17、24
1852〜1919年。朝鮮王朝の第26代国王（在位1863〜1907年）。幼少期は大院君がかわって政治をおこなった。1897年に国号を大韓帝国とあらため初代皇帝となるが、1907年にハーグ密使事件を起こしたため退位を強いられた。1910年の韓国併合後は「李太王（イテワン）」とよばれた。

※本文中で青字にしている言葉を解説しています。右側の数字は、その言葉が出てくるページ数をあらわしています。

米騒動 ……… 23
1918年、富山県で主婦が米の安売りをもとめたことから全国に広がった民衆の運動。好景気に加え政府による米の買い入れ、米商人の買いしめなどのため、米の価格が高騰したことによる。軍隊が出動する事態にまでなり、これにより寺内正毅内閣は退陣した。

さ

斎藤実 ……… 25
1858～1936年。日本の軍人、政治家。海軍大臣、朝鮮総督などを経て、1932年に第30代内閣総理大臣となった。1936年の二・二六事件で暗殺された。

鎖国 ……… 7、8、10
外国との貿易や交流を禁止すること。日本では江戸時代に、清とオランダとの交易をのぞき鎖国政策がおこなわれた。

下関条約 ……… 13、14、15
1895年に日本と清のあいだで結ばれた、日清戦争の講和条約。朝鮮の独立、台湾や遼東半島の日本への割譲、清から日本への賠償金の支払いなどを定めた。

社会主義 ……… 24、25
人びとが国家の統制のもとで経済活動をおこない、もうけたお金は一度国家が預って国民に公平に分配するという考え方。資本主義に対する思想として発展した。

集会・結社の自由 ……… 25
共通の目的をもつ人が集まり（集会）、また組織をつくる（結社）ことについての自由。日本国憲法では表現の自由として保障されている重要な権利の1つ。

攘夷 ……… 8
外国の勢力を国内に入れず、排除しようとすること。

清 ……… 7、10、11、12、13、14、16
1616～1912年。1644年に明にかわって満州族が中国を統一し、18世紀半ばには東アジア一帯を制圧した。アヘン戦争での敗北をきっかけにヨーロッパ諸国の侵略を受け、辛亥革命で滅亡した。

純宗 ……… 17
1874～1926年。朝鮮王朝第27代の国王・皇帝。高宗を父、閔妃を母にもつ。1907年、高宗の退位にともない皇帝に即位したが、形ばかりの地位にとどまった。1910年の韓国併合後は「李王」とよばれた。

世界大恐慌 ……… 26
1929年から世界的規模で起こった大不況。同年10月24日、アメリカでの株価の大暴落をきっかけに企業の倒産があいつぎ、失業者が続出。これにともない世界各国も大きな被害を受けた。

ソ連 ……… 23、32
ソビエト社会主義共和国連邦。1917年のロシア革命をきっかけに、ロシアを中心とする国ぐににより1922年につくられた。世界史上初の社会主義国家となったが、1991年に崩壊（解体）した。

た

第一次世界大戦 ……… 24
1914～1918年。ヨーロッパを中心に30か国以上が参戦した、最初の世界規模の戦争。大規模な兵器が用いられ、国の総力をあげた戦いによって、兵士ばかりでなく一般市民の生活にも大きな被害がもたらされた。

太平洋戦争 ……… 26、30、31
1941～1945年。第二次世界大戦中、太平洋を中心に、おもに日本と連合国のあいだでおこなわれた戦争。1941年12月8日（日本時間）、日本軍がハワイの真珠湾を奇襲攻撃し開戦。日本は当初優勢だったが、しだいにアメリカを中心とする連合国軍におされていった。

断髪令 ……… 15
1895年に朝鮮で出された、男性のまげを切らせる命令。金弘集らの近代化政策の一環としておこなわれたが、民衆の反発をまねいた。

大院君 ……… 7、8、9、10
興宣大院君。1820～1898年。朝鮮王朝第26代国王の高宗の父で、1864年から10年間政治をおこなった。勢道政治の追放をはかり政治改革をおこなったが、高宗の王妃・閔妃に失脚させられた。「大院君」とは国王の父をあらわす称号。

寺内正毅 ……… 19、20、23
1852～1919年。日本の軍人、政治家。陸軍大臣などを経て1910年に韓国統監、朝鮮総督となり、武力による朝鮮統治を進めた。1916年には内閣総理大臣に就任したが、1918年の米騒動によって総辞職した。

天津条約 ……… 11
1885年4月、甲申政変の事後処理のために、中国の天津で日本と清が結んだ条約。日本と清の両国が朝鮮から撤退することなどが約束された。

東学 ……… 7、11、12、24
1860年ごろ、崔済愚がおこした宗教。「西学（キリスト教のこと）」に対抗するものとして、民間信仰と儒教、仏教、道教などをまじえつくられた。のちに「天道教」となり、朝鮮の愛国運動をになうことになった。

な

日英同盟 ････････････････ 16、17

1902年に日本とイギリスが結んだ同盟。ロシアがアジアへ進出することを警戒する両国によって、どちらかの国が2か国以上と戦争をするときは、もう一方の国も参戦することが約束された。1905年には第2回日英同盟、1911年には第3回日英同盟が調印された。1923年8月に廃棄。

日露講和条約（ポーツマス条約） ････････ 17

1905年9月、アメリカのセオドア・ルーズベルト大統領の仲介により調印された、日露戦争の講和条約。日本からは小村寿太郎、ロシアからはヴィッテが全権大使として参加した。日本は韓国の保護権や遼東半島の租借権、南樺太の割譲などが認められたが、ロシアから賠償金が得られなかったことに、戦争の犠牲に耐えてきた日本国民は不満をいだき、反対運動も起こった。

日露戦争 ････････････････ 14、16、17

1904～1905年。韓国と中国東北部の支配権をめぐり、日本とロシアが争った戦争。イギリスとアメリカが日本を、フランスがロシアを支援した。日本は日本海海戦などで勝利したものの国力が底をつき、ロシアでも革命が起こったことで、両国とも戦争を続けることが難しくなり、講和条約の締結へむかった。

日清戦争 ････････････････ 12、14、15、16

1894～1895年。朝鮮の支配をめぐり、日本と清が争った戦争。甲午農民戦争をきっかけに両国が朝鮮に出兵したことではじまった。この戦争で敗北した清はその後、欧米列強による侵略の的となり弱体化していった。

日中戦争 ････････････････ 26、27、28、30

1937～1945年。盧溝橋事件をきっかけに日本と中国が全面的に争った戦争。初期は日本軍の優勢が続いたが、中国軍の抵抗に苦しみ、日本は国際的にも孤立していった。1941年には日本がアメリカ、イギリスとも開戦し、太平洋戦争へと発展した。

は

バルチック艦隊 ････････････ 17

バルト海に拠点をもった帝政ロシアの主要艦隊。日露戦争の際、日本海海戦で日本連合艦隊に潰滅された。

溥儀 ････････････････････ 26

1906～1967年。清の第12代皇帝。1908年に2歳で即位したが、辛亥革命で1912年に退位。清朝最後の皇帝となる。1932年には日本が建国した満州国の執政、1934年には皇帝となる。第二次世界大戦後はソ連軍に抑留され、戦争犯罪人とされるが、1959年に釈放。

ポツダム宣言 ････････････ 31

1945年7月26日、アメリカ、イギリス、中国の名で出された、日本の無条件降伏などをもとめる13か条の宣言。日本政府は当初は拒否したものの、広島・長崎への原爆投下、ソ連の対日参戦などで戦局がさらに悪化し、8月14日に受諾を決定。9月2日に降伏文書に調印した。

ま

南次郎 ･･･････････････････ 28

1874～1955年。日本の軍人。1931年、陸軍大臣在任中に満州事変が起こった。関東軍司令官などを経て、1936年には朝鮮総督となり朝鮮の皇民化政策を進めた。第二次世界大戦後はA級戦犯として東京裁判にかけられ、終身禁固刑を受けた。

閔妃（ミンビ） ･････････････ 7、10、15

1851～1895年。朝鮮王朝第26代の王・高宗（コジョン）の妃。高宗の父である大院君（テーウォングン）と対立して反対派を形成し、1873年には大院君を失脚させて自ら政権をにぎった。日清戦争後は、親日的な金弘集らに対抗してロシアに近づいたが、日本勢力により1895年に殺害された。死後に名誉が回復され「明成皇后（ミョンソンコウゴウ）」と称された。

陸奥宗光 ････････････････ 13

1844～1897年。日本の政治家。第二次伊藤博文内閣（1892～1896年）の外務大臣として、日本の不平等条約の改正、日清戦争の遂行、下関条約の締結などにあたった。

や

呂運亨（ヨウニョン） ･･･････ 23、24、31、32

1886～1947年。朝鮮の独立運動家、政治家。朝鮮独立を一貫して主張した。韓国併合後に中国へ亡命し、3.1独立運動後は大韓民国臨時政府樹立に参加。朝鮮中央日報社長などを経て、1945年には朝鮮人民共和国の樹立を宣言し副主席となった。1947年に暗殺された。

ら

李鴻章（リホンチャン） ･････ 13

1823～1901年。清の末期の政治家。国力がおとろえていた清の建てなおしをはかり、ヨーロッパの技術を導入する洋務運動を推進した。日清戦争後の下関条約では清の全権大使として調印をおこなった。

ロシア革命 ･･･････････････ 17、24

1905年と、1917年の3月（ロシア暦で2月）、11月（ロシア暦で10月）にロシアで起こった一連の革命。1905年の第一次革命では労働者を中心に反乱が起き、政府は日露戦争の継続を断念。国会の開設を約束した。1917年3月には第一次世界大戦で生活が困窮した民衆によるストライキが起こり、ロマノフ王朝が倒れ臨時政府がつくられた。11月にはレーニンによって、世界ではじめての社会主義政権が樹立された。

年表

年代	朝鮮半島では？	
18世紀まで	1724年…第21代国王に英祖が即位。第22代国王の正祖(1776年即位)とともに、公平に人材を登用する政策をおこない、安定した時代を築く。	
1800	1800年…第23代国王に純祖が即位。わずか10歳だったため安東金氏が政治の実権をにぎる(勢道政治)。	
1810	1811年…政治に不満をもつ両班や農民が蜂起し、洪景来の乱が起こる。	
1820		
1830	1834年…第24代国王に憲宗が即位。	
1840	1849年…第25代国王に哲宗が即位。	
1850		
1860	1863年…第26代国王に高宗が即位。父の大院君が政治の実権をにぎり、政治改革を進める。 1866年…3月、フランス人神父とキリスト教徒が処刑される「丙寅迫害」がおこなわれる。10月にはフランス軍が報復として朝鮮に攻めこみ江華島を占領した(丙寅洋擾)。	
1870	1873年…大院君が政治の場から追放され、閔妃を中心とした閔氏政権が成立する。 1875年…江華島付近で、日本と朝鮮の武力衝突(江華島事件)が起こる。 1876年…日本が朝鮮に開港を認めさせるなど、朝鮮に不利な内容の日朝修好条規が結ばれる。	
1880	1884年…開化派の金玉均らがクーデター(甲申政変)を起こすが、失敗。	
1890	1894年…甲午農民戦争が起こる。農民の反乱に対抗し、朝鮮政府は清に出兵を要請。日本軍も出動し、日清戦争に発展する。 1895年…日清戦争の講和条約(下関条約)が結ばれ、朝鮮が独立国であることが承認される。閔妃がロシアに接近し、これを警戒した日本によって殺害される(乙未事変)。 1897年…朝鮮が国号を大韓帝国とあらためる。	
1900	1904年…第一次日韓協約が結ばれる。韓国政府は、政府の財政・外交の顧問に日本政府が推薦した人物を任命しなければいけないなどというものだった。 1905年…第二次日韓協約が結ばれる。日本が韓国政府の外交権をすべてうばい、韓国統監府のもとに置くというものだった。 1907年…高宗が第二次日韓協約の無効をうったえ、オランダ・ハーグの第2回万国平和会議に密使を送る。第三次日韓協約が結ばれ、司法権、警察権、内政に関する支配権が日本にうばわれる。 1909年…伊藤博文が安重根により暗殺される。	
1910	1910年…日本と韓国のあいだで「韓国併合に関する条約」が調印され、日本による支配がはじまる。大韓帝国という国号が「朝鮮」という地域名にあらためられる。 1911年…「朝鮮教育令」が発布され、日本の教育勅語にもとづく教育がおこなわれる。 1912年…前年に起こったとされる寺内正毅暗殺未遂事件(「105人事件」)の裁判がはじまり、逮捕者への弾圧がおこなわれる。 1919年…3.1独立運動が起こり、朝鮮史上最大の抗日運動となる。	
1920		
1930	1931年…満州・万宝山で、朝鮮と中国の農民が衝突。朝鮮で中国に対する反感が強まる。 1936年…南次郎が朝鮮総督となり、「内鮮一体」をかかげた皇民化政策をおこなう。 1939年…朝鮮人に創氏改名をもとめる改正朝鮮民事令が公布され、翌年に実施。	
1940	1945年…8月、日本がポツダム宣言を受諾し太平洋戦争が終わるとともに、朝鮮が日本の支配から解放される。アメリカが北緯38度線を境に、朝鮮を南北に分割占領する交渉をソ連に申しいれ、ソ連もこれに応じる。	

日本では？	そのほかの地域では？	年代
1716年…徳川吉宗が将軍となり享保の改革がはじまる。 1787年…松平定信が老中となり寛政の改革がはじまる。	1776年…アメリカ独立宣言が発布される。 1789年…フランス革命が起こり、人権宣言が発布される。	18世紀まで
	1804年…フランスでナポレオンが皇帝となる。	1800
		1810
		1820
		1830
1841年…水野忠邦により天保の改革がはじまる。	1840年…清とイギリスのあいだでアヘン戦争が起こる(1842年まで)。	1840
1853年…アメリカの使節・ペリーが浦賀に来航。日本に開国をもとめ、日本は欧米諸国と不平等条約を結ぶ。	1856年…清とイギリス、フランスのあいだでアロー戦争が起こる(第二次アヘン戦争ともよばれる)。 1857年…インドでイギリス支配に抵抗する大反乱が起こる(1859年まで)。	1850
1867年…大政奉還により、政権が江戸幕府から朝廷へ返上される。 1868年…旧幕府派と新政府派が争う戊辰戦争が起こる(1869年まで)。年号が明治にあらためられ、明治時代がはじまる。	1861年…アメリカ南北戦争が起こる(1865年まで)。	1860
1877年…西郷隆盛率いる鹿児島の士族が反乱を起こし、西南戦争が起こる。		1870
1889年…明治政府により大日本帝国憲法が発布される。	1882年…ドイツ、オーストリア、イタリアによる三国同盟が結ばれる。	1880
1894年…日本と清のあいだで日清戦争が起こる(1895年まで)。 1895年…日清戦争の講和条約として下関条約が結ばれるが、直後にロシア、ドイツ、フランスの三国干渉を受け、日本が獲得した遼東半島を清に返還する。		1890
1902年…日本とイギリスのあいだで第1回日英同盟が結ばれる。 1904年…日本とロシアのあいだで日露戦争が起こる(1905年まで)。 1905年…日露戦争の講和条約であるポーツマス条約が結ばれる。	1905年…ロシア第一次革命が起こる。 1907年…イギリス、フランス、ロシアによる三国協商が成立する。	1900
1914年…日英同盟にもとづき、日本が第一次世界大戦に参戦する。 1915年…中国に二十一か条の要求を出し、山東省、満州、内モンゴルなどの日本の利権を認めさせる。 1918年…アメリカとともにシベリアへ出兵し、イギリス、フランスも加わり社会主義ロシアへの干渉をおこなう。このことが原因で米の価格が暴騰し、米騒動が起こる。	1912年…中国で、前年の辛亥革命をきっかけに孫文が清朝を打倒して臨時大総統となり、中華民国を建国する。 1914年…ヨーロッパで第一次世界大戦が勃発する。 1917年…ロシア三月革命、十一月革命が起こり、レーニンが社会主義政権を樹立する。 1919年…第一次世界大戦の講和条約としてベルサイユ条約が結ばれる。	1910
1923年…相模湾を震源とする地震により関東大震災が起こり、関東一帯に大きな被害がもたらされる。	1920年…国際連盟が発足する。 1922年…ソビエト社会主義共和国連邦が成立する。 1929年…アメリカの株価の暴落を発端に世界大恐慌が起こる。	1920
1931年…満州で日本軍と中国軍の武力紛争が起こる(満州事変)。 1933年…日本が国際連盟から脱退する。 1937年…盧溝橋事件をきっかけに、全面的な日中戦争がはじまる。	1933年…ドイツでナチス政権が成立する。 1939年…ドイツによるポーランド侵攻をきっかけに、第二次世界大戦が勃発する。	1930
1940年…日独伊三国同盟が結ばれる。 1941年…日ソ中立条約が結ばれる。日本がアメリカ、イギリスに宣戦布告し、太平洋戦争がはじまる。 1945年…8月、日本がポツダム宣言の受諾を決め、9月に降伏文書に調印し、第二次世界大戦が終結する。	1943年…イタリアがアメリカ・イギリス軍に降伏する。 1945年…5月、ドイツが降伏する。8月には日本もポツダム宣言を受諾し、第二次世界大戦が終結する。10月、連合国により国際連合が発足する。	1940

さくいん

あ行

- 安岳事件……23
- アヘン戦争……7、33
- アメリカ……8、9、14、17、24、26、32
- アロー戦争……7
- 安重根……18、23、33
- 安昌浩……24
- 安東金……6、33
- 慰安婦……27
- イギリス……7、9、14、16、17、19
- 李光洙……31、33
- 李承晩……25、33
- 板垣退助……9
- 伊藤博文……13、17、18、19、33
- 井上馨……9
- 壬午軍乱……10、11
- 岩倉具視……9
- 李完用……19
- 仁川……16、26
- インド……8、17
- 乙巳五賊……17
- 乙巳保護条約……17
- 乙未改革……15
- 遠藤柳作……32
- 大久保利通……9
- オッペルト……8
- オランダ……17

か行

- 開化派……11、18、33
- 会社令……20
- 学徒出陣……30
- 臥薪嘗胆……14
- 桂・タフト協定……17
- 甲申政変……11
- 甲午改革……15
- 甲午農民戦争……11、33
- 樺太……17、33
- 韓国統監府……17、18、19、20
- 韓国併合……18、19、20
- 韓国併合に関する条約……19
- 関東大震災……25
- 江華島……8、9
- 江華島事件……9
- 江華島条約……9
- 木戸孝允……9
- 金玉均……11、33
- 金弘集……12、15、33
- 教育勅語……28、33
- 玉音放送……31
- 慶運宮……15、17
- 景福宮……7、10、12、15
- キリスト教……7、28
- 義和団の乱……16
- 科挙……6、15、33
- 光復節……32、33
- 黒田清隆……9
- 京城日報……21
- 憲兵警察制度……22、25
- 皇国臣民の誓詞……28
- 皇民化政策……28、29
- 国際連盟……26、33
- 国民徴用令……27
- 高宗……7、12、15、17、24、33
- 国家総動員法……27
- 古阜……11
- 米騒動……23、34
- 公州……12

さ行

- 西郷隆盛……9
- 斎藤実……25、34
- 鎖国……7、8、10、34
- 3.1独立運動……24、25
- 三国干渉……14、15
- 産米増殖計画……23
- ジェネラル・シャーマン号事件……8
- 志願兵制……29、30
- 下関条約……13、14、15、34
- 社会主義……24、25、34
- 上海……11、23、24、25
- 集会・結社の自由……25、34
- 15年戦争……26
- 攘夷……8、34
- 女子挺身勤労令……27
- 清……7、10、11、12、13、14、16、34
- 新民会……23
- 純祖……6
- 純宗……17、34
- 征韓論……9
- 西南戦争……9
- 世界大恐慌……26、34
- 勢道政治……6、7
- 書院……7
- 創氏改名……29、31
- ソウル……10、17、24
- 書堂……21
- ソ連……23、32、34
- 孫基禎……29

さくいん

た行

大連（ターリエン）	14
第一次世界大戦	24、34
大韓帝国（だいかんていこく）	15、16、19、20
大韓民国臨時政府（だいかんみんこくりんじせいふ）	25
第三次日韓協約（にっかん）	17
第二次日韓協約（にっかん）	17
太平洋戦争	26、30、31、34
大陸兵站基地（へいたん）	27
台湾（たいわん）	13、27
台湾民主国（たいわん）	13
断髪令（だんぱつれい）	15、34
笞刑（ちけい）	22
中国	7、9、23、26、27、30、31
朝鮮建国準備委員会（ちょうせん）	32
朝鮮建国同盟（ちょうせんどうめい）	31
朝鮮総督府（ちょうせんそうとくふ）	19、20、21、22、24、25、29、30、31、32
朝鮮民事令（ちょうせん）	29
徴兵制（ちょうへいせい）	29、30
朝鮮日報（チョソンにっぽう）	28
哲宗（チョルジョン）	6、7
定州（チョンジュ）	6
全州（チョンジュ）	11
全州和約（チョンジュ）	11、12
正祖（チョンジョ）	6
重慶（チョンチン）	13、25、31
天道教（チョンドギョ）	24
全琫準（チョンボンジュン）	11、12
丁未七条約（チョンミ）	17
大院君（テーウォングン）	7、8、9、10、34
寺内正毅（てらちまさたけ）	19、20、23、34
天主教（てんしゅきょう）	7
天津条約（テンチン）	11、34
ドイツ	8、9、14、24
同化教育	21
同化政策（せいさく）	21、28
東亜日報（トンアにっぽう）	28、29
東学（トンハク）	7、11、12、24、34

な行

内鮮一体（ないせん）	28、30
南下政策（せいさく）	14
南京（ナンキン）	25
日英同盟（どうめい）	16、17、35
日露講和条約（ポーツマス条約）（にちろ）	17、35
日露戦争（にちろ）	14、16、17、35
日韓議定書（にっかん）	16
日章旗抹消事件（にっしょう）	29
日清戦争（にっしん）	12、14、15、16、35
日中戦争	26、27、28、30、35
日本公使館	9、10、17

は行

ハーグ密使事件（みっし）	17
バルチック艦隊（かんたい）	17、35
漢城（ハンソン）	10、17、19
105人事件	23
丙寅迫害（ピョンインはくがい）	7、8
溥儀（プイ）	26、35
武断統治	22、23、24、25
フランス	8、9、14、24
別技軍	10
奉天（ほうてん）	17、26
ポーツマス条約→日露講和条約	
ポツダム宣言（せんげん）	31、35
洪景来（ホンギョンネ）	6
憲宗（ホンジョン）	6
澎湖諸島（ポンフーしょとう）	13

ま行

満州	14、16、17、18、23、26、30、31、32
満州国	26
満州事変	26
万宝山事件（まんぽうざん）	26
南次郎（みなみじろう）	28、35
閔妃（ミンビ）	7、10、15、35
陸奥宗光（むつむねみつ）	13、35
明治維新（めいじいしん）	9

や行

両班（ヤンバン）	6、7
呂運亨（ヨウニョン）	23、24、31、32、35
与謝野晶子（よさのあきこ）	17
英祖（ヨンジョ）	6

ら行

柳条湖事件（リウティアオフー）	26
李経方（リジンファン）	13
李鴻章（リホンチャン）	13、35
遼東半島（リヤオトン）	12、13、14
旅順（リュイシュン）	12、14、16
盧溝橋事件（ルーコウチアオ）	26
露館播遷（ろかんはせん）	15
ロシア	9、14、15、16、17、18、19、23
ロシア革命（かくめい）	17、24、35

■監修
長田彰文（ながた あきふみ）
1958年大阪府生まれ。上智大学文学部史学科教授。早稲田大学政治経済学部および京都大学法学部卒業、一橋大学大学院法学研究科修士課程修了、同博士課程単位取得退学。博士（法学）。専門は日韓関係史、アジア太平洋国際政治史。著書に『セオドア・ルーズベルトと韓国―韓国保護国化と米国』（未來社）、『日本の朝鮮統治と国際関係―朝鮮独立運動とアメリカ 1910-1922』（平凡社）、『世界史の中の近代日韓関係』（慶應義塾大学出版会）ほか。

■文
津久井惠（つくい けい）
1949年栃木県生まれ。東北大学法学部卒業。児童書編集者を経て、現在フリー。日本児童文学者協会会員、日本児童文芸家協会会員、季節風同人。

■編　　集　こどもくらぶ（齊藤由佳子）
■デザイン　高橋博美
■企画・制作　株式会社エヌ・アンド・エス企画

この本では、朝鮮、中国の固有名詞に現地の読み方にそってカタカナのふりがなをふっています。

■写真協力
韓国観光公社
下関市観光政策課
岩波書店
魚津市観光協会
鈴木商店記念館
広島観光コンベンションビューロー
（表紙左下）毎日新聞社
（表紙右下）『ペク・ドンス〈ノーカット完全版〉DVDBOX 第一章』
発売・販売元：ポニーキャニオン ©SBS

■おもな参考図書
『物語　韓国史』金両基／著　中公新書　1989年
『朝鮮の歴史　新版』朝鮮史研究会／編　三省堂　1995年
『朝鮮史』武田幸男／編　山川出版社　2000年
『中・高生のための朝鮮・韓国の歴史』岡百合子／著　平凡社　2002年
『これならわかる韓国・朝鮮の歴史』三橋広夫／著　大月書店　2002年
『韓国の歴史』李景珉／監修、水野俊平／著　河出書房新社　2007年
『朝鮮の歴史―先史から現代』田中俊明／編　昭和堂　2008年
『歴史物語　朝鮮半島』姜在彦／著　朝日新聞出版　2006年
『韓国併合』海野福寿／著　岩波新書　1995年
『日本近現代史③　日清・日露戦争』原田敬一／著　岩波新書　2007年
『近代朝鮮と日本』趙景達／著　岩波新書　2012年
『物語　朝鮮王朝の滅亡』金重明／著　岩波新書　2013年
『植民地朝鮮と日本』趙景達／著　岩波新書　2013年
『世界史の中の近代日韓関係』長田彰文／著　慶應義塾大学出版会　2013年
『韓国歴史地図』韓国教員大学歴史教育科／著、吉田光男／監訳　平凡社　2006年
『山川　詳説日本史図録（第5版）』詳説日本史図録編集委員会／編　山川出版社　2011年
『山川　詳説世界史図録』木村靖二、岸本美緒、小松久男／監修　山川出版社　2014年
『山川　世界史小辞典（改訂新版）』世界史小辞典編集委員会／編　2004年
『岩波　日本史辞典』永原慶二／監修　岩波書店　1999年
『新版　韓国・朝鮮を知る事典』伊藤亜人、大村益夫、高崎宗司、武田幸男、吉田光男、梶村秀樹／監修　平凡社　2014年

朝鮮半島がわかる本②　近代から第二次世界大戦まで

2015年12月10日　　第1刷発行　　　　　　　　　　　NDC221

監修者　長田　彰文
発行者　竹村　正治
発行所　株式会社かもがわ出版
　　　　〒602-8119　京都市上京区堀川通出水西入
　　　　営業部：075-432-2868　FAX：075-432-2869
　　　　編集部：075-432-2934　FAX：075-417-2114
　　　　振替　01010-5-12436
　　　　http://www.kamogawa.co.jp/
印刷所　凸版印刷株式会社

© Kodomo Kurabu 2015　　　　　　　　　　　　　　40p 29cm
Printed in Japan　　　　　　　　　　　　　無断複写複製（コピー）を禁ず
　　　　　　　　　　　　　　　　　　　　　ISBN978-4-7803-0803-7
　　　　　　　　　　　　　　　　　　　　　C8336